Orändsch Workbook Band 5 if-Sätze Typ 1 2 3 | Passiv
Englische Grammatik endlich leicht! Trotz LRS und Lernschwierigkeiten

Autorin: Miranda Jehle

Fachberatung: Petra Göpfrich

Lektorat: Patrizia Nietzschmann

Graphiken/Fotos: Miranda Jehle

Bibliografische Information der Deutschen Nationalbibliothek: Die Deutsche Nationalbibliothek verzeichnet diese Publikation in der Deutschen Nationalbibliografie; detaillierte bibliografische Daten sind im Internet über dnb.dnb.de abrufbar.

Verlag LRS meetz Englisch, Deggenhausertal (Baden-Württemberg)
www.lrs-meetz-englisch.de

Druck: Libri Plureos GmbH, Friedensallee 273, 22763 Hamburg

ISBN 978-3-9823420-4-7, Softcover

1. Auflage

Die Autorin

Miranda Jehle ist seit 2012 Lerntherapeutin mit dem Schwerpunkt Englisch lernen mit Lese-Rechtschreib-Schwäche. Für die gezielte Förderung ihrer Schüler entwickelte sie hochstrukturierte Übungen, die sie unter dem Namen ORÄNDSCH zusammengefasst und veröffentlicht hat.

ORÄNDSCH. Workbook Band 5

if-Sätze Typ 1, 2 & 3

Passiv

Inhaltsverzeichnis

Vorwort

Liebe Lernbegleiterinnen und Lernbegleiter,

Ich freue mich, Ihnen das ORÄNDSCH-Workbook Band 5 zu präsentieren!
Dieses Workbook wurde in der lerntherapeutischen Praxis entwickelt, um Schülern mit massiven Verständnisproblemen den Einstieg in die erste Fremdsprache zu erleichtern. Damit sie den fehlenden Stoff bald nachholen können und den Anschluss wieder finden.
Nachdem sich die Schüler eine solide Basis an Grammatik und Grundwortschatz angeeignet haben, kommt die Motivation wieder zurück. Durch die sicheren Grundkenntnisse werden die Schüler befähigt, neuen Lernstoff aufzunehmen. Die Stoffmenge, die zu einer unüberwindbaren Lernblockade geführt hat, wird endlich beherrschbar und der Erfolg messbar.
Ich hoffe, dass Sie das ORÄNDSCH-Konzept als wertvolle Ergänzung Ihrer Lehrmaterialien kennenlernen werden und es Ihnen dabei helfen wird, Ihre Schüler ohne zusätzlichen Aufwand auf dem Weg in die erste Fremdsprache zu unterstützen.
Ohne Lernfrust, dafür mit Freude am Englischen!

Miranda Jehle, Autorin und Herausgeberin

Häufige Fragen

Wann ist der beste Zeitpunkt, das ORÄNDSCH-Konzept einzusetzen?

Das **Workbook Band 5** kann zu jedem Zeitpunkt ab dem 3. Englisch-Lehrjahr aufwärts unterrichtsbegleitend oder zum Nachholen von Lerninhalten eingesetzt werden.

Die Übungen zu den if-Sätzen folgen nicht dem üblichen kleinschrittigen Aufbau der ORÄNDSCH-Übungen, sondern bieten eine strukturierte, umfangreiche Sammlung an Übungssätzen mit ansteigendem Schwierigkeitsgrad.

- **Für das Passiv sind sichere Kenntnisse der englischen Zeiten dringende Vorraussetzung.**
- **Es wird empfohlen, vor der Bearbeitung des ORÄNDSCH Workbooks Band 5 die Basis-Grammatik mithilfe der ORÄNDSCH Workbooks Band 1 bis 3 zu verinnerlichen.**

Mit welcher Herausforderung sehen sich speziell LRS-Schüler konfrontiert?

LRS-Schüler benötigen dreimal mehr Zeit, bis ein neues Wort abgespeichert ist.

Sie profitieren erheblich durch Wiederholungen, lautes Mitsprechen und multisensorielle Lerntechniken.

Hilft das ORÄNDSCH-Konzept auch Schülerinnen und Schülern, die keine LRS haben?

Die im ORÄNDSCH-Workbook vorgestellten Strategien sind für alle Schüler mit Lernschwierigkeiten eine große Unterstützung. Schüler können sich leichter auf ein Thema fokussieren und werden nicht durch Neben-Baustellen wie schwere Wörter oder lange Sätze abgelenkt oder frustriert.

Mehr Tricks und Tipps zum gehirnfreundlichen Vokabel lernen

>> https://www.lrs-meetz-englisch.de/blog

Die if-Sätze im Überblick *(if-Clauses, Conditional Sentences)*

Die if-Sätze bereiten wegen ihrer Komplexität den Schülern oft Probleme: Hauptsatz und if-Nebensatz in Kombination mit bestimmten Zeiten.

Es gibt drei Grundtypen von if-Sätzen

Typ 1	Die Bedingung ist erfüllbar.
Typ 2	Die Bedingung ist theoretisch erfüllbar.
Typ 3	Die Bedingung ist nicht mehr erfüllbar. (Es ist zu spät)

Tab. 1

Zwei Punkte sollten immer beachtet werden:

1. Welcher if-Satz-Grundtyp liegt vor?
2. Wo steht der if-Satz? Am Anfang oder am Ende des Satzes?

1 Typ 1-Bedingungssätze

Typ 1 - Die Bedingung ist erfüllbar.

if-Satz in der Einfachen Gegenwart	Hauptsatz im *Will-Future* *(oder can, must)*
Jf J study,	*J will pass the exam.*
Wenn ich lerne,	werde ich die Prüfung bestehen.
if-Satz und Hauptsatz können die Position tauschen < >	
Hauptsatz	if-Satz
J will pass the exam,	*if J study.*
Jch werde die Prüfung bestehen,	wenn ich lerne.

Tab. 2

Beachte das Komma, wenn der Satz mit „*Jf ..., ...*“ startet!

Übung 1.1 Typ 1-Bedingungssätze.

Setze die Verben in Klammern in die richtige Form. Beachte die Verneinung.

Jf J (**go**) to the café, J (**not/drink**) coffee.
*Jf J **go** to the café, J **will not drink** coffee.*
1. Jf we (**send**) a parcel, our friend (**be**) very happy.
2. He (**not/understand**) you if you (not/speak) loud enough.
3. They (**not/ice-skate**) in the winter if they (**not/repair**) their ice-skates.
4. Jf you (**press**) this button, the fire alarm (**go**) off.
5. You (**cross**) the ocean if you (**sail**) to America. *cross überqueren*
6. Fred (**answer**) the phone if his wife (**not/be**) at home.
7. Jf Claire (**put**) on this dress, father (**not/take**) her hiking.
8. Jf J (**touch**) this snake, my girlfriend (**think**) J am very brave.
9. She (**forget**) to pick you up if you (**not/text**) her.
10. J (**write**) to you if you (**give**) me your address.

Übung 1.2 Typ 1-Bedingungssätze.

Setze die Verben in Klammern in die richtige Langform. Beachte die Verneinung.

Jf J (**go**) to the café, J (**not/drink**) coffee.
*Jf J **go** to the café, J **will not drink** coffee.*
1. Jf it (**rain**), the children (**not/go**) to the playground.
2. Jf she (**not/read**) the book, she (**not/pass**) the German test.
3. Jf J (**not/argue**) with my father, he (**lend**) me his car to go to the cinema.
4. Jf we (**take**) the bus, we (**not/arrive**) in time.
5. Jf Joe (**not/buy**) ice-cream for everyone, his friends (**be**) angry with him.
6. Jf Tom (**not/tidy up**) the garage, Victoria (**not/help**) him with his school project.
7. Jf the boys (**not/play**) volleyball fairly, the girls (**not/come**) to watch them.
8. Jf you (**eat**) too much, you (**have**) a stomach ache.
9. Jf they (**not/hurry**), they (**not/catch**) the bus.

Übung 1.3 Typ 1-Bedingungssätze - mit Modalen.

Wähle aus den Vorgaben die richtige Form. Schreibe den Satz korrekt auf.

1. Lisa **look** / **looks** / **must look** after the puppy if her parents **go** / **goes** / **will go** on vacation.

2. If I **listen** / **listens** / **will listen** to rock music, I **write** / **writes** / **can write** good essays.

3. If you **take** / **takes** / **will take** the fast train, you **arrive** / **arrives** / **should arrive** home before 3 pm.

4. The girls **hurry** / **hurries** / **should hurry** if they book / books / **haven't booked** seats for the concert yet.

5. If Charles **do** / **does** / **will do** that, Diana is **happy** / **was happy** / **will be** happy.

Übung 1.4 Typ 1-Bedingungssätze - mit Modalen.

Wähle aus den Vorgaben die richtige Form. Schreibe den Satz korrekt auf.

1. Jf they **aren't** / **won't be** / **not be careful** with the spelling of the new words, no one can read what they **write** / **wrote/ will write**.
2. You **will get** / **got** / **can get** into trouble if you **stay** / **stayed** / **will stay** out too long.
3. J **will lend** / **lent** /**can lend** Emily my bike if she really **need** / **needs** / **will need** it.
4. Jf Lisa **find** / **finds** / **will find** my diary, she **give** / **gave** / **must give** it back to me.
5. John **buy** / **buys** / **will buy** a new computer if his grandmother **give** / **gives** / **will give** him 100 Euros.

Lösung zu Übung 1.1

1. Jf we **send** a parcel, our friend **will be** very happy.
2. He **will not** understand you if you **do not speak** loud enough.
3. They **will not** ice-skate in the winter if they **do not repair** their ice-skates.
4. Jf you **press** this button, the fire alarm **will go** off.
5. You **will** cross the ocean if you **sail** to America.
6. Fred **will answer** the phone if his wife **is not** at home.
7. Jf Claire **puts** on this dress, father **will not take** her hiking.
8. Jf J **touch** this snake, my girlfriend **will think** J am very brave.
9. She **will forget** to pick you up if you **do not text** her.
10. J **will write** to you if you **give** me your address.

Lösung zu 1.2

1. Jf it **rains**, the children **will not go** to the playground.
2. Jf she **does not read** the book, she **will not** pass the German test.
3. Jf J **do not argue** with my father, he **will lend** me his car to go to the cinema.
4. Jf we **take** the bus, we **will not arrive** in time.
5. Jf Joe **does not buy** ice-cream for everyone, his friends **will be** angry with him.
6. Jf Tom **does not tidy up** the garage, Victoria **will not help** him with his school project.
7. Jf the boys **do not play** volleyball fairly, the girls **will not come** to watch them.
8. Jf you **eat** too much, you **will have** a stomach ache.
9. Jf they **do not hurry**, they **will not catch** the bus.

Lösung zu Übung 1.3

1. Lisa **must look** after the puppy if her parents **go** on vacation.
2. Jf J **listen** to rock music, J **can write** good essays.
3. Jf you **take** the fast train, you **should arrive** home before 3 pm.
4. The girls **should hurry** if they **haven't booked** seats for the concert yet.
5. Jf Charles **does** that, Diana **will be** happy.

Lösung zu Übung 1.4

1. Jf they **aren't** careful with the spelling of the new words, no one **can read** what they wrote.
2. You **will get** into trouble if you **stay out** too long.
   You **can get** into trouble if you **stay** out too long.
3. J **will lend** Emily my bike if she really **needs** it.
   J **can lend** Emily my bike if she really **needs** it.
4. Jf Lisa **finds** my diary, she **must give** it back to me.
5. John **will buy** a new computer if his grandmother **gives** him 100 Euros.

2 Typ 2-Bedingungssätze

Typ 2 - Die Bedingung ist theoretisch erfüllbar.

if-Satz in der *Einfachen Vergangenheit*	Hauptsatz mit *would + Grundform*
Jf J studied,	*J would pass the exam.*
Wenn ich studierte, *Umgangsprachl.: Wenn ich studieren würde, ... ,*	würde ich die Prüfung bestehen. *würde ich die Prüfung bestehen.*
if-Satz und Hauptsatz können die Position tauschen < >	
Hauptsatz	if-Satz
J would pass the exam	*if J studied.*
Jch würde die Prüfung bestehen,	wenn ich studierte.

Tab. 3

Beachte das Komma, wenn der Satz mit „*Jf ..., ...*“ startet!

Übung 2.1 Typ 2-Bedingungssätze.

Setze die Verben in Klammern in die richtige Form.

Jf J (**go**) to the cinema, J (**watch**) an interesting film.	
*Jf J **went** to the cinema, J **would watch** an interesting film.*	
1. Jf J (**come**) home earlier, J (**go**) swimming.	
2. Jf we (**live**) in Paris, we (**visit**) the Eiffel Tower all the time.	
3. Jf Tim and Tom (**be**) older, they (**drive**) our car.	
4. Jf she (**be**) my friend, J (**invite**) her to my sleepover party.	*invite einladen*
5. Jf Jane (**study**) harder, she (**pass**) all her exams.	
6. Jf they (**have**) enough money, they (**buy**) a horse and a donkey.	
7. Jf you (**do**) your homework, you (**get**) better grades.	*grade Note*
8. Jf Michael (**earn**) more money, he (**buy**) Doris a new bike.	*earn verdienen*
9. Jf we (**hurry**), we (**catch**) the train.	*hurry beeilen*
10. Jf it (**rain**), Nina (**take**) the bus.	

Übung 2.2 Typ 2-Bedingungssätze.

Setze die Verben in Klammern in die richtige Form. Beachte die Verneinung.

Jf J (**go**) to the coffee shop, J (**not/drink**) lemonade.
*Jf J **went** to the coffee shop, J **would not drink** lemonade.*
1. Jf Oliver (**find**) a lost dog, he (**not/keep**) it.
2. Jf they (**not/wear**) thick socks in the mountains, their feet (**get**) too cold.
3. Jf Tom (**know**) how to write books, he (**not/have**) work as a mechanic.
4. Jf we (**play**) at the concert, we (**earn**) a lot of money.
5. Jf it (**not/be**) so late, we (**play**) guitar and (**sing**) songs .
6. Jf Jeff (**not/like**) dogs, he (**not/buy**) two beagles at the pet shop.
7. Jf J (**be**) you, J (**not/go**) on vacation to Norway..
8. Jf you (**drop**) this cell phone, it (**not/break**).
9. Jf she (**not/bully**) her classmates, she (**have**) more friends. *bully beleidigen*
10. Jf he (**print**) the document right now, J (**correct**) it.

Übung 2.3 Typ 2-Bedingungssätze - Besonderheiten.

Wähle die richtigen Formen. Beachte die Verneinung.

1. Jf you **turned / turns / could turn** the volume down, the music **sounded / would sound / would sounded** clearer.
2. This song **hit / hits /would hit** the charts party if they **recorded / records / had recorded** it in a studio.
3. Your pencils **broke not / did not break / would not break** if you **pack / would pack / packed** your school bag more carefully.
4. Jf the girls **goed / went / could went** to bed earlier, they **yawned not / would not yawn / won't yawn** all through the lesson.
5. **Would you like / Like you / Will you like** a sports car if you **has / had / have** the money?
6. Jf Ben **closes / closed / will close** the window, it **will not be / would not be / is not** so cold in the kitchen.
7. Denise **needs not / would not need / does not need** a dictionary if she **learns / learned / had learned** the new words.
8. Jf the students **keeped / kept / had kept** a diary, they **would not forget / will not forget / did not forget** their homework so often.
9. Jf they **relax / relaxed / did not relax** before the match, they **will not win / could win / did not win** the match.
10. J **would not go / do not go / go not** to this restaurant if J **wanted / wants / had wanted** to eat good food.

Übung 2.4 Typ 2-Bedingungssätze.

Bilde die richtige Form aus den Wörtern in Klammern. Beachte, dass der if-Satz nicht immer am Anfang steht. Schreibe den Satz korrekt nieder.

Thomas (**not/buy**) a new car if he (**win**) won 20,000 Euros.
*Thomas **would not buy** a new car if he **won** 10,000 Euros. oder* *Thomas **wouldn't buy** a new car if he **won** 10,000 Euros.*
1. If you (**help**) your grandma, I (**do**) the shopping.
2. Andrew (**water**) the flowers if he (**stay**) at home.
3. If she (**have**) 5 pounds more, she (**buy**) herself this T-shirt.
4. If they (**offer**) me the job, I (**take**) it.
5. You (**have**) summer holidays from June till August if you (**live**) in the USA.
6. We (**sell**) the bike for 20 Euros if Ron (**repair**) it. *sell verkaufen*
7. If you (**use**) a pencil, the drawing (**be**) perfect. *draw zeichnen*
8. The children (**be**) happy if he (**teach**) them English.
9. If Irene (**visit**) us, we (**go**) out tonight.
10. They (**come**) again if he (**plan**) a second stay.

Übung 2.5 Typ 2-Bedingungssätze.

Bilde die richtige Form aus den Wörtern in Klammern. Beachte, dass der if-Satz nicht immer am Anfang steht. Schreibe den Satz korrekt nieder.

Thomas (**not/buy**) a new car if he (**win**) won 20,000 Euros.
*Thomas **would not buy** a new car if he **won** 10,000 Euros.*
1. If I (**meet**) Richard, I (**tell**) him about our new office.
2. If the steak (**not/be**) so hot, we (**eat**) it.
3. What (**you/do**) if it (**rain**)?
4. He (**help**) me if he (**can**).
5. If Andrew (**prepare**) the meal, I (**not/come**) for dinner. *prepare vorbereiten*
6. My father (**not/be**) angry with me if I (**come**) home early.
7. We (**can/not/have**) a pet if we (**live**) in a flat.
8. If he (**speak**) French, he (**get**) the job in Marseille.
9. If you (**take**) the 7:40 flight, you (**not/have to/change**) plane.
10. I (**not/stay**) any longer if Gerry (**sing**) at the party.

Sonderfall mit Typ 2 if-Sätzen: *Jf J were you...*

Es gibt einen Sonderfall bei den Typ 2 if-Sätzen, bei dem für alle Personalpronomen (*J, you, he, she, it, we, they*) die Form *„were“* benutzt wird. Das *„were“* ist in diesem Fall ein *Konjunktiv* so wie das deutsche *„wäre“*.

Deutsch:	Wenn	ich	du	wäre ...
Englisch:	*Jf*	*J*	*were*	*you ....*

Bitte beachten: Manche Lehrbücher verwenden *„Jf J was ...“*.

Übung 2.6 Bilde die richtige Form aus den Wörtern in Klammern, dass ein if-Satz Typ 2 entsteht.

Jf J (**be**) you, J (**go**) to the party.
*Jf J **were** you, J **would go** to the party.*
1. Jf J (**be**) you, J think J (**be**) nice to him.
2. Jf J (**be**) you, J (**visit**) the Eiffel Tower all the time.
3. Jf J (**be**) older, J (**drive**) our car.
4. Jf J (**be**) your friend, you (**invite**) me to your sleepover party.
5. Jf J (**be**) them, J (**be**) more careful in choosing my friends.
6. Jf J (**be**) rich, J (**buy**) a horse and a donkey.
7. Jf J (**be**) a magician, J (**make**) everyone happy.

Übung 2.7 Bilde die richtige Form aus den Wörtern in Klammern, dass ein if-Satz Typ 2 entsteht.

Jf she (**be**) you, she (go**)** to the party.
*Jf she **were** you, she **would go** to the party.*
1. Jf he (**be**) me, J think he (**be**) a nicer brother.
2. Jf it (**be**) a horse, it (**run**) all the time.
3. Jf she (**be**) older, she (**drive**) our car.
4. Jf he (**be**) your friend, he (**invite**) you to his sleepover party.
5. Jf she (**be**) you, she (**be**) more careful in choosing friends.
6. Jf he (**be**) rich, he (**buy**) a horse and a donkey.
7. Jf she (**be**) a magician, she (**make**) everyone happy.
8. Jf he (**be**) Tom, he (**buy**) Doris a new bike.
9. Jf she (**be**) a millionaire, she (**have**) a big house.
10. Jf he (**be**) a painter, he (**paint**) wonderful pictures.

Übung 2.8 Bilde die richtige Form aus den Wörtern in Klammern, dass ein if-Satz Typ 2 entsteht.

Jf it (**be**) my car, J (**drive**) to the party with it.
*Jf it **were** my car, J **would drive** to the party.*
1. Jf it (**be**) me, J think that dog (**eat**) all day long.
2. Jf it (**be**) a horse, it (**run**) all the time.
3. Jf it (**be**) my pet, J (**clean**) the cage before mum came home.
4. Jf it (**be**) my house, J (**invite**) you to the sleepover party. *invite einladen*
5. Jf it (**be**) my bike, J (**be**) more careful where J put it.
6. Jf it (**be**) red, it (**be**) a special lemonade.
7. Jf it (**be**) his car, he (**show**) it to everyone.
8. Jf it (**be**) Tom's money, he (**buy**) Doris a new bike.
9. Jf it (**be**) raining, she (**invite**) us into the house.
10. Jf it (**be**) Joe's tent, he (**lend**) it to us. *invite einladen*

Lösung zu Übung 2.1

1. Jf J **came** home earlier, J **would go** swimming.
2. Jf we **lived** in Paris, we **would visit** the Eiffel Tower all the time.
3. Jf Tim and Tom **were older**, they **would drive** our car.
4. Jf she **were** my friend, J **would invite** her to my sleepover party.
5. Jf Jane **studied** harder, she **would pass** all her exams.
6. Jf they **had** enough money, they **would buy** a horse and a donkey.
7. Jf you **did** your homework, you **would get** better grades.
8. Jf Michael **earned** more money, he **would buy** Doris a new bike.
9. Jf we **hurried**, we **would catch** the train.
10. Jf it **rained**, Nina **would take** the bus.

Lösung zu Übung 2.2

1. Jf Oliver **found** a lost dog, he **would not keep** it.
2. Jf they **did not wear** thick socks in the mountains, their feet **would get** too cold.
3. Jf Tom **knew** how to write books, he **would not have to work** as a mechanic.
4. Jf we **played** at the concert, we **would earn** a lot of money.
5. Jf it **were not** so late, we **would play** guitar and **sing** songs.
6. Jf Jeff **did not like** dogs, he **would not buy** two beagles at the pet shop.
7. Jf J **were** you, J **would not go** on vacation to Norway.
8. Jf you **dropped** this cell phone, it **would not** break.
9. Jf she **did not bully** her classmates, she **would have** more friends.
10. Jf he **printed** the document right now, J **would correct** it.

Lösung zu Übung 2.3

1. Jf you **turned** the volume down, the music **would sound** clearer.
2. This song **would hit** the charts party if they **recorded** it in a studio.
3. Your pencils **would not break** if you **packed** your school bag more carefully.
4. Jf the girls **went** to bed earlier, they **would not yawn** all through the lesson.
5. **Would you like** a sports car if you **had** the money?
6. Jf Ben **closed** the window, it **would not be** so cold in the kitchen.
7. Denise **would not need** a dictionary if she **learned** the new words.
8. Jf the students **kept** a diary, they **would not forget** their homework so often.
9. Jf they **relaxed** before the match, they **could win** the match.
10. J **would not go** to this restaurant if J **wanted** to eat good food.

Mögliche Abkürzung: would not = wouldn't

Lösung zu Übung 2.4

1. Jf you **helped** your grandma, J **would do** the shopping.
2. Andrew **would water** the flowers if he **stayed** at home.
3. Jf she **had** 5 pounds more, she **would buy** herself this T-shirt.
4. Jf they **offered** me the job, J **would take** it.
5. You **would have** summer holidays from June till August if you **lived** in the USA.
6. We **would sell** the bike for 20 Euros if Ron **repaired** it.
7. Jf you **used** a pencil, the drawing **would be** perfect.
8. The children **would be** happy if he **taught** them English.
9. Jf Jrene **visited** us, we **would go** out tonight.
10. They **would come** again if he **planned** a second stay.

Lösung zu Übung 2.5

1. Jf J **met** Richard, J **would tell** him about our new office.
2. Jf the steak **were not** so hot, we **would eat** it.
3. What **would you do** if it **rained**?
4. He **would help** me if he **could**.
5. Jf Andrew **prepared** the meal, J **would not come** for dinner.
6. My father **would not be** angry with me if J **came** home early.
7. We **could not have** a pet if we **lived** in a flat.
8. Jf he **spoke** French, he **would get** the job in Marseille.
9. Jf you **took** the 7:40 flight, you **would not have to change** plane.
10. J **would not stay** any longer if Gerry **sang** at the party.

Mögliche Abkürzungen were not = weren't, would not = wouldn't, could not = couldn't

Lösung zu Übung 2.6

1. Jf J **were**, J think J **would be** nice to him.
2. Jf J **were** you, J **would visit** the Eiffel Tower all the time.
3. Jf J **were** older, J **would drive** our car.
4. Jf J **were** your friend, you **would invite** me to your sleepover party.
5. Jf J **were** them, J **would be** more careful in choosing my friends.
6. Jf J **were** rich, J **would buy** a horse and a donkey.
7. Jf J **were** a magician, J **would make** everyone happy.

Lösung zu Übung 2.7

1. Jf he **were** me, J think he **would be** a nicer brother.
2. Jf it **were** a horse, it **would run** all the time.
3. Jf she **were** older, she **would drive** our car.
4. Jf he **were** your friend, he **would invite** you to his sleepover party.
5. Jf she **were** you, she **would be** more careful in choosing friends.
6. Jf he **were** rich, he **would buy** a horse and a donkey.
7. Jf she **were** a magician, she **would make** everyone happy.
8. Jf he **were** Tom, he **would buy** Doris a new bike.
9. Jf she **were** a millionaire, she **would have** a big house.
10. Jf he **were** a painter, he **would paint** wonderful pictures.

Lösung zu Übung 2.8

1. Jf it **were** me, J think that dog **would eat** all day long.
2. Jf it **were** a horse, it **would run** all the time.
3. Jf it **were** my pet, J **would clean** the cage before mum came home.
4. Jf it **were** my house, J **would invite** you to the sleepover party.
5. Jf it **were** my bike, J **would be** more careful where J put it.
6. Jf it **were** red, it **would be** a special lemonade.
7. Jf it **were** his car, he **would show** it to everyone.
8. Jf it **were** Tom's money, he **would buy** Doris a new bike.
9. Jf it **were** raining, she **would invite** us into the house.
10. Jf it **were** Joe's tent, he **would lend** it to us.

3 Typ 3-Bedingungssätze

Typ 3 – Die Bedingung ist nicht mehr erfüllbar.

if-Satz im *Past Perfect* *had + -ed* oder *had + 3. Form*	Hauptsatz mit *would + Present Perfect*
J had opened *J had gone*	*J would have opened* *J would have gone*
Jf J had studied,	*J would have passed the exam.*
Wenn ich studierte hätte,	hätte ich die Prüfung bestanden. *auch: würde ich die Prüfung bestanden haben.* *wörtl. ich würde haben bestanden die Prüfung.*
if-Satz und Hauptsatz können die Position tauschen < >	
Hauptsatz	if-Satz
J would have passed the exam	*if J had studied,*
Jch hätte die Prüfung bestanden, *auch: Jch würde die Prüfung bestanden haben,* *wörtl. Jch würde haben bestanden die Prüfung,*	wenn ich studierte hätte.

Tab. 4

Beachte das Komma, wenn der Satz mit „*Jf ..., ...*“ startet!

Übung 3.1 Bilde die richtige Form aus den Wörtern in Klammern, dass ein if-Satz Typ 3 entsteht.

Jf J (**go**) to the cinema, J (**watch**) an interesting film.
*Jf J **had gone** to the cinema, J **would have watched** an interesting film.*
1. Jf the weather (**be**) nice, they (**play**) football.
2. Jf we (**go**) to a good restaurant, we (**eat**) a better dinner.
3. Jf John (**learn**) more words, he (**write**) a better test.
4. Jf the boys (**take**) the bus to school, they (**arrive**) on time.
5. Jf the teacher (**explain**) the homework better, J (**do**) it.
6. Jf they (**wait**) for another 10 minutes, they (**see**) the pop star.
7. Jf the police (**come**) earlier, they (**catch**) the thief.
8. Jf you (**buy**) fresh vegetables, your salad (**taste**) better.
9. Jf Alex (**ask**) me, J (**send**) the documents.
10. Jf he (**speak**) slowly, Peggy (**understand**) him.

Übung 3.2 Bilde die richtige Form aus den Wörtern in Klammern, dass ein if-Satz Typ 3 entsteht. Beachte die Verneinung in einigen Sätzen.

Jf we **had taken** the train, we (**not/arrive**) on time.
*Jf we **had taken** the train, we **would not have arrived** on time.*
1. Jf they (**listen**) carefully, they (**hear**) the woodpecker.
2. Jf J (**sit**) down on the sofa, J (**fall**) asleep.
3. Susan (**work**) as a model if she (**be**) taller.
4. The soil (**not/dry out**) if you (**water**) the plants regularly.
5. Jf you (**give**) the young boy this stick, he (**hurt**) himself.
6. We (**not/take**) the wrong tram if Ronaldo (**ask**) the policewoman.
7. Jf the cat (**hide**) in the tree, the dog (**not/find**) it.
8. The students (**solve**) the problem if they (**use**) their textbooks. *solve lösen*
9. Jf he (**clean**) his room once a week, his girlfriend (**visit**) him more often.
10. Jf Max (**read**) the newspaper, he (**go**) by train.

Übung 3.3 Bilde die richtige Form aus den Wörtern in Klammern, dass ein if-Satz Typ 3 entsteht. Beachte die Verneinung in einigen Sätzen.

Jf we (**take**) the train, we (**not/arrive**) on time.
*Jf we **had taken** the train, we **would not have arrived** on time.*
1. Jf he (**come**) earlier, he (**meet**) Tina.
2. The water in the pool (**be**) warmer if the sun (**shine**) more often.
3. Jf Betty (**write**) more applications, she (**get**) an apprenticeship. *Bewerbung*
4. Jf J (**see**) you, J (**talk**) to you.
5. We (**given**) the man the documents if we (**know**) him.
6. Jf you (**phone**) me, J (**record**) the show.
7. They (**understand**) the film if they (**read**) the book.
8. Jf the car (**turn**) left, the old lady (**cross**) the street.
9. Jf she (**notice**) the red traffic light, she (**stop**).
10. The boys (**win**) the match if they (**train**) regularly.

Übung 3.4 Bilde die richtige Form aus den Wörtern in Klammern, dass ein if-Satz Typ 3 entsteht. Beachte, dass einige Verben zu verneinen sind.

Jf we **had taken** the train, we (**not/arrive**) on time.
*Jf we **had taken** the train, we **would not have arrived** on time.*
1. Jf it (**be**) warmer, we (**go**) swimming.
2. My parents (**buy**) this house if the man (**not/sell**) it to someone else.
3. Jf he (**not/fail**) his driving test, his parents (**lend**) him their car.
4. Jf my uncle (**tell**) me the way to his office, J (**not/arrive**) so late.
5. She (**be**) at the airport if she (**read**) the message carefully.
6. Lucy (**not/hurt**) her foot if she (**not/drop**) the old box.
7. Jf you (**use**) a sharp knife, you (**not/cut**) yourself.
8. Jf Victoria (**celebrate**) her birthday at home, J (**bring**) her some flowers.
9. We (**take**) the train to Edinburgh if it (**be**) on time.
10. Jf Max (**not/forget**) his schoolbag, he (**give**) you your USB flash drive.

Übung 3.5 Bilde die richtige Form aus den Wörtern in Klammern, dass ein if-Satz Typ 3 entsteht.

Beachte, dass einige Verben zu **verneinen** sind.

Jf J (**go**) to the café, J (**not/drink**) milk.
*Jf J **had gone** to the café, J **would not have drunk** milk. oder* *Jf J'**d gone** to the café, J **wouldn't have drunk** milk.*
1. Jf you (**check**) the car, it (**not/break**) down in the middle of the desert.
2. Jf it (**not/rain**), the children (**play**) outside.
3. Jf my parents (**not/be**) so tired, they (**watch**) the film on TV.
4. Jf she (**buy**) a new hard disk, she (**not/lose**) all her data.
5. Jf we (**use**) the town map, we (**not/get**) lost.
6. Jf Tom (**eat**) more apples, he (**not/catch**) a cold.
7. Jf the police (**not/stop**) me, J (**reach**) you in time.
8. Jf his older brother (**not/drive**) so fast, he (**not/crash**) into the other car.
9. Jf Fred (**not/cheat**) in the test, his teacher (**not/phone**) his father.
10. Jf J (**not/switch off**) the radio, J (**know**) about the second goal.

Übung 3.6 Wähle aus den Vorgaben die Formen so aus, dass ein if-Satz Typ 3 entsteht.

Besonderheiten.

1. Jf Yvonne **had watched / would have watched / has watched** the news, she **had solved / would have solved / would solve** the puzzle. *solve lösen*
2. Jf J **had had / have had / had** a mobile, J **will phone / could have phoned / phone** you.
3. We **had gone / went / would have gone** to the beach if we **had stayed / had stay / have stayed** in Florida. *stay bleiben*
4. Jf my mother **have made / had made / made** breakfast, J **were / would be / would have been** really happy.
5. Her brother **will find / would found / could have found** more mistakes if he **has read / had readed / had read** the text again.

Übung 3.7 Wähle aus den Vorgaben die Formen so aus, dass ein if-Satz Typ 3 entsteht.

Besonderheiten.

1. Jf you **have added / had added / add** a little lemon, the soup **could have taste / would have tasted / would taste** excellent.
2. They **have paid / paid / would have paid** less if they **have had booked / had booked / would have booked** the tickets yesterday.
3. Jf the students **had collected / had collect / collected** more empty bottles, they **could had / would have had / would have** more money for their class trip.
4. Gerry **will convince / might have convinced / could convince** his grandmother to go see the doctor if he **had talked / had talk / talked** to her. *convince - überzeugen*
5. She **would have visited / might visit / could has visited** Henry and Cliff in hospital if she **knew / has known / had known** that they were there.

Übung 3.8 Wähle aus den Vorgaben die Formen so aus, dass ein if-Satz Typ 3 entsteht.

Besonderheiten.

1. Jf we **had closed / closed have / closed** the window yesterday, it **would not have been / were not / had not been** so cold in here.
2. Jf the lady **have not stopped / had not stopped / has not stopped** the boy, he **could have ran / would have run / has run** into the van.
3. The dog **had not attacked / would not have attacked / will not attack** you if **you hadn't teased / had not tease / have not teased** it. *tease beruhigen*
4. Jf they **had buyed / had bought / has bought** a new tent, they **would not got / had not gotten / might not have got** wet during the night. *wet nass*
5. The computer **had not crashed / crashed not / might not have crashed** so often if Larry **tested / had tested / have tested** it.

Übung 3.9 Wähle aus den Vorgaben die Formen so aus, dass ein if-Satz Typ 3 entsteht.

Besonderheiten.

1. Jf she **told / had told / tells** me, J **will collect / would collect / would have collected** her at the airport. *collect hier: abholen*

2. Your friends **had not laughed / would not have laughed / will not laugh** about you if you **have combed / combs / had combed** your hair. *kämmen*

3. Jf the men **had recharged 'd / recharge / had recharged** the batteries, they will **have had / would have had / would had** enough power for their laptops.

4. He **had have caught / would have caught / should caught** the plane if he **had hurried / hurried 'd / had have hurried** .

5. Jf you **turned / had turned / had have turned** down the volume of your stereo, the neighbours **would not have complained / complained not / has not complained.** *complain beschweren*

Lösung zu Übung 3.1

1. Jf the weather **had been** nice, they **would have played** football.
2. Jf we **had gone** to a good restaurant, we **would have eaten** a better dinner.
3. Jf John **had learnt** more words, he **would have written** a better test.
4. Jf the boys **had taken** the bus to school, they **would have arrived** on time.
5. Jf the teacher **had explained** the homework better, J **would have done** it.
6. Jf they **had waited** for another 10 minutes, they **would have seen** the pop star.
7. Jf the police **had come** earlier, they **would have caught** the thief.
8. Jf you **had bought** fresh vegetables, your salad **would have tasted** better.
9. Jf Alex **had asked** me, J **would have sent** the documents.
10. Jf he **had spoken** slowly, Peggy **would have understood** him.

Lösung zu Übung 3.2

1. Jf they **had listened** carefully, they **would have heard** the woodpecker.
2. Jf J **had sat down** on the sofa, J **would have fallen** asleep.
3. Susan **would have worked** as a model if she **had been** taller.
4. The soil **would not have dried out** if you **had watered** the plants regularly.
5. Jf you **had given** the young boy this stick, he **would have hurt** himself.
6. We **would not have taken** the wrong tram if Ronaldo **had asked** the policewoman.
7. Jf the cat **had hid** in the tree, the dog **would not have found** it.
8. The students **would have solved** the problem if they **had used** their textbooks.
9. Jf he **had cleaned** his room once a week, his girlfriend **would have visited** him more often.
10. Jf Max **had read** the newspaper, he **would have gone** by train.

Lösung zu Übung 3.3

1. Jf he **had come** earlier, he **would have met** Tina.
2. The water in the pool **would have been** warmer if the sun **had shone** more often.
3. Jf Betty **had written** more applications, she **would have got** an apprenticeship.
4. Jf J **had seen** you, J **would have talked** to you.
5. We **would have given** the man the documents if we **had known** him.
6. Jf you **had phoned** me, J **would have recorded** the show.
7. They **would have understood** the film if they **had read** the book.
8. Jf the car **had turned** left, the old lady **would have crossed** the street.
9. Jf she **had noticed** the red traffic light, she **would have stopped**.
10. The boys **would have won** the match if they **had trained** regularly.

Lösung zu Übung 3.4

1. Jf it **had been** warmer, we **would have gone** swimming.
2. My parents **would have bought** this house if the man **had not sold** it to someone else.
3. Jf he **hadn't failed** his driving test, his parents **would have lent** him their car.
4. Jf my uncle **had told** me the way to his office, J **would not have arrived** so late.
5. She **would have been** at the airport if she **had read** the message carefully.
6. Lucy **would have have hurt** her foot if she **had not dropped** the old box.
7. Jf you **had used** a sharp knife, you **would not have cut** yourself.
8. Jf Victoria **had celebrated** her birthday at home, J **would have brought** her some flowers.
9. We **would have taken** the train to Edinburgh if it **had been** on time.
10. Jf Max **had not forgotten** his schoolbag, he **would have given** you your USB flash drive.

Lösung von Übung 3.5

1. Jf you **had checked** the car, it **would not have broken** down in the middle of the desert.
2. Jf it **had not** rained, the children **would have played** outside.
3. Jf my parents **had not** been so tired, they **would have watched** the film on TV.
4. Jf she **had bought** a new hard disk, she **would not have** lost all her data.
5. Jf we **had used** the town map, we **would not have got** lost.
6. Jf Tom **had eaten** more apples, he **would not have caught** a cold.
7. Jf the police **had not stopped** me, J **would have reached** you in time.
8. Jf his older brother **had not driven** so fast, he **would not have crashed** into the other car.
9. Jf Fred **had not cheated** in the test, his teacher **would not have** phoned his father.
10. Jf J **had not switched off** the radio, J **would have known** about the second goal.

Mögliche Kurzformen: had not = hadn't, would have = would've, would not = wouldn't

Lösung zu Übung 3.6

1. Jf Yvonne **had watched** the news, she **would have solved** the puzzle
2. Jf J **had had** a mobile, J **could have phoned** you.
3. We **would have gone** to the beach if we **had stayed** in Florida.
4. Jf my mother **had made** breakfast, J **would have been** really happy.
5. Her brother **could have found** more mistakes if he **had read** the text again.

Lösung zu Übung 3.7

1. Jf you **had added** a little lemon, the soup **would have tasted** excellent.
2. They **would have paid** less, if they **had booked** the tickets yesterday.
3. Jf the students **had collected** more empty bottles, they **would have had** more money for their class trip.
4. Gerry **might have convinced** his grandmother to go see a doctor, if he **had talked** to her.
5. She **would have visited** Henry and Cliff in the hospital, if she **had known** that they were there.

Lösung zu Übung 3.8

1. Jf we **had closed** the window yesterday, the burglar **would not have got** in.
2. Jf the lady **had not stopped** the boy, he **would have run** into the van.
3. The dog **would not have attacked**, if you **had not teased** it.
4. Jf they **had bought** a new tent, they **might not have got** wet during the night.
5. The computer **might not have crashed** so often if Larry **had tested** it.

Mögliche Kurzformen: had not = hadn't, would have = would've, would not = wouldn't

Lösung zu Übung 3.9

1. Jf she **had told** me, J **would have collected** her at the airport.
2. Your friends **would not have laughed** about you if **you had combed** your hair.
3. Jf the men **had recharged** the batteries, they **would have had** enough power for their laptops.
4. He **would have caught** the plane if **he had hurried**.
5. Jf you **had turned down** the volume of your stereo, the neighbours **would not have** complained.

Mögliche Kurzformen: would not = wouldn’t, you had = you'd, he had = he'd, he would = he'd

4 Typ 1, 2 und 3-Bedingungssätze - gemischt

Übung 4.1 Bilde die richtige Form aus den Wörtern in Klammern, dass ein if-Satz Typ 1 oder Typ 2 entsteht.

Die Verbform, die dir sagt, ob du Typ 1 oder Typ 2 einsetzen musst, ist **hervorgehoben**. Beachte die Verneinungen.

Jf Adam spoke Jtalian, he (work) in Jtaly.
*Jf Adam **spoke** Jtalian, he **would work** in Jtaly.*
1. Jf Tracy **had** a bike, she (visit) all her friends.
2. J (be) very happy if Mom **bakes** my favorite cake for my birthday.
3. Jf our team (win) this match, it **will be** in the championship finals.
4. Jf you **don't read** these books, you (not/know) what to ask in class.
5. You **would get** very cold and wet if you (go) out in this weather.
6. The car (not/start) if Ben **repaired** it.
7. Jf he **has** time, he (stop) to get flowers for his mother's birthday.
8. Maria (play) piano well if she **practised** regularly.
9. Jf he (carry) the boxes, **J'd help** cleaning up.

Übung 4.2 Bilde die richtige Form aus den Wörtern in Klammern, dass ein if-Satz Typ 1 oder Typ 2 entsteht.

Die Verbform, die dir sagt, ob du Typ 1 oder Typ 2 einsetzen musst, ist **hervorgehoben**.

Jf they **learn** the poem, they (**get**) a good mark.
*Jf they **learn** the poem, they **will get** a good mark.*
1. Jf you **come** with me, J (do) the shopping with you.
2. Walter (help) his mother in the garden if she **reads** him a story this evening.
3. Jf it (rain), J **will stay** at home.
4. Our teacher **will be** happy if we (learn) the poem by heart.
5. Jf they **had** enough money, they (buy) a new car.
6. We (pass) the exam if we **studied** harder.
7. Jf Pat (repair) his bike, he **could go** on a bicycle tour with us.
8. She **would get** 100 pounds if she (sell) this old shelf.
9. Jf J **were** you, J (invite) Jack to the party.
10. Jf the weather (be) fine, the children **can walk** to school.

Übung 4.3 Bilde die richtige Form aus den Wörtern in Klammern, dass ein if-Satz Typ 1, Typ 2 oder Typ 3 entsteht.

Die Verbform, die dir sagt, ob du Typ 1, 2 oder 3 einsetzen musst, ist **hervorgehoben**.

Jf he **had studied** harder, he (pass) his driving test.
*Jf he **had studied** harder, he **would have passed** his driving test.*
1. Jf we **meet** at 9:30, we (have) plenty of time.
2. Lisa **would find** the milk if she (look) in the fridge.
3. The zookeeper **would have punished** her with a fine if she (feed) the animals. *punish bestrafen, fine Strafe*
4. Jf you **spoke** louder, your classmates (understand) you.
5. Dan (arrive) safely if he **drove** slowly.
6. You (have) no trouble at school if you **had done** your homework.
7. Jf you (swim) in this lake, you**'ll shiver** from cold. *zittern*
8. The door **will unlock** if you (press) the green button.
9. Jf Mel (ask) her teacher, he**'d have answered** her questions.
10. J (call) the office if J **were** you.

Übung 4.4 Bilde die richtige Form aus den Wörtern in Klammern, dass ein if-Satz Typ 1, Typ 2 oder Typ 3 entsteht.

Die Verbform, die dir sagt, ob du Typ 1, 2 oder 3 einsetzen musst, ist **hervorgehoben**.

Achte auf die **Position des if-Satzes** und auf **Verneinungen**.

1. Jf J (go) to Leipzig, J **will visit** the zoo.
2. Jf it (not rain), we **would be** in the garden.
3. Jf you (wear) a brighter coloured jacket, the car driver **would have seen** you earlier.
4. We (watch) TV tonight if Peter **had not bought** the theatre tickets.
5. She **would have had** no laptops if she (not sign) the contract. *contract Vertrag*
6. Jf J **were** a millionaire, J (live) in Beverly Hills.
7. You **would save** energy if you (switch) the lights off more often.
8. Jf we **had read** the book, we (understand) the film.
9. My sister **could score** better on the test if the teacher (explain) the grammar once more.
10. They (arrive) on time if they **had not missed** the train.

Übung 4.5 Bilde die richtige Form aus den Wörtern in Klammern, dass ein if-Satz Typ 1, Typ 2 oder Typ 3 entsteht.

Die Verbform, die dir sagt, ob du Typ 1, 2 oder 3 einsetzen musst, ist **hervorgehoben**.

Achte auf die Position des if-Satzes und auf Verneinungen.

1. If it **does not** rain, the boys (play) hockey.
2. If he (grow) his own vegetables, he **would not have to** buy them.
3. Jim (see) whisky distilleries if he **travelled** to Scotland.
4. Would you **go out** more often if you (not have to) to do so much in the house?
5. She **would not have yawned** the whole day if she (not stay up) late last night. *gähnen*
6. If you (wait) a minute, I **will come** with you.
7. If we **arrived** at 10, we (miss) Tyler's presentation. *ankommen*
8. We (help) John if we **had known** about his problems.
9. If they (use) new batteries, their camera **would have worked** correctly.
10. If I **went** anywhere, it (be) New Zealand.

Übung 4.6 Bilde die richtige Form aus den Wörtern in Klammern, dass ein if-Satz Typ 1, Typ 2 oder Typ 3 entsteht.

Die Verbform, die dir sagt, ob du Typ 1, 2 oder 3 einsetzen musst, ist **hervorgehoben**.

1. If you **like**, you (stay) for two days.
2. If I (see) the film in the cinema, I **would not have watched** it on TV again.
3. If the parents **bought** the cat, their children (be) very happy.
4. This piece of metal (expand) if you **heat** it. *expand ausdehnen*
5. He (receive) my e-mail if he **had been** online yesterday evening.
6. They **would have been able to** return the bottle if they (not/tear off) the labels. *return zurückgeben, tear reißen*
7. If she (want) to return her pullover, she **must find** the receipt.
8. What (do) if you **had** a million dollars?
9. Where **would you live** if you (be) younger?
10. If you (wait) for a little moment, I **will tell** the doctor you are here.

Übung 4.7 Bestimme den Typ des Bedingungssatzes.

Achte auf die **fettgedruckten** Verbformen.

1. Jf it **rains**, **J'll wear** a raincoat.
   Typ 1 (Bedingung erfüllbar)
   Typ 2 (Bedingung theoretisch erfüllbar)
   Typ 3 (Bedingung nicht mehr erfüllbar)

2. Jf we **had taken** enough water, we **wouldn't have been** thirsty.
   Typ 1 (Bedingung erfüllbar)
   Typ 2 (Bedingung theoretisch erfüllbar)
   Typ 3 (Bedingung nicht mehr erfüllbar)

3. Jf the children **were** older, they **would go** to the party.
   Typ 1 (Bedingung erfüllbar)
   Typ 2 (Bedingung theoretisch erfüllbar)
   Typ 3 (Bedingung nicht mehr erfüllbar)

4. Harry **could fly** to Helsinki if he **had** more money.
   Typ 1 (Bedingung erfüllbar)
   Typ 2 (Bedingung theoretisch erfüllbar)
   Typ 3 (Bedingung nicht mehr erfüllbar)

5. Jf Mark **does** the washing up, his mother **will have** more time for him.
   Typ 1 (Bedingung erfüllbar)
   Typ 2 (Bedingung theoretisch erfüllbar)
   Typ 3 (Bedingung nicht mehr erfüllbar)

6. What **would you do** if you **saw** a burglar?
   Typ 1 (Bedingung erfüllbar)
   Typ 2 (Bedingung theoretisch erfüllbar)
   Typ 3 (Bedingung nicht mehr erfüllbar)

7. We **might have had** a glass of hot chocolate if you **had bought** some milk.
   Typ 1 (Bedingung erfüllbar)
   Typ 2 (Bedingung theoretisch erfüllbar)
   Typ 3 (Bedingung nicht mehr erfüllbar)

Übung 4.8 Bestimme den Typ des Bedingungssatzes.

Achte auf die **fettgedruckten** Verbformen.

1. Jf J **were** you, J **should keep** the secret.
   - Typ 1 (Bedingung erfüllbar)
   - Typ 2 (Bedingung theoretisch erfüllbar)
   - Typ 3 (Bedingung nicht mehr erfüllbar)
2. Ron **would understand** more if the teacher **spoke** clearly.
   - Typ 1 (Bedingung erfüllbar)
   - Typ 2 (Bedingung theoretisch erfüllbar)
   - Typ 3 (Bedingung nicht mehr erfüllbar)
3. Jf Doris **had got up** earlier, she **wouldn't have been** late for school.
   - Typ 1 (Bedingung erfüllbar)
   - Typ 2 (Bedingung theoretisch erfüllbar)
   - Typ 3 (Bedingung nicht mehr erfüllbar)
4. Jf the weather **had been** better, the plane **might not have** crashed.
   - Typ 1 (Bedingung erfüllbar)
   - Typ 2 (Bedingung theoretisch erfüllbar)
   - Typ 3 (Bedingung nicht mehr erfüllbar)
5. We **can visit** the museum if we **have** time.
   - Typ 1 (Bedingung erfüllbar)
   - Typ 2 (Bedingung theoretisch erfüllbar)
   - Typ 3 (Bedingung nicht mehr erfüllbar)
6. Jf Andy **had played** in the team, they **might have won** the match.
   - Typ 1 (Bedingung erfüllbar)
   - Typ 2 (Bedingung theoretisch erfüllbar)
   - Typ 3 (Bedingung nicht mehr erfüllbar)

Übung 4.9 Bestimme den Typ des Bedingungssatzes.

Achte auf die **fettgedruckten** Verbformen.

1. Jf it **wasn't** so late, J **would go** shopping.
   - Typ 1 (Bedingung erfüllbar)
   - Typ 2 (Bedingung theoretisch erfüllbar)
   - Typ 3 (Bedingung nicht mehr erfüllbar)

2. Henry **would have phoned** his mother if he **hadn't written** the text message.
   - Typ 1 (Bedingung erfüllbar)
   - Typ 2 (Bedingung theoretisch erfüllbar)
   - Typ 3 (Bedingung nicht mehr erfüllbar)

3. J **would buy** a Ferrari if J **had** a lot of money.
   - Typ 1 (Bedingung erfüllbar)
   - Typ 2 (Bedingung theoretisch erfüllbar)
   - Typ 3 (Bedingung nicht mehr erfüllbar)

4. Jf we **had known** of your arrival, we **would have been** at the airport.
   - Typ 1 (Bedingung erfüllbar)
   - Typ 2 (Bedingung theoretisch erfüllbar)
   - Typ 3 (Bedingung nicht mehr erfüllbar)

5. J **could have helped** you if you **had told** me the truth.
   - Typ 1 (Bedingung erfüllbar)
   - Typ 2 (Bedingung theoretisch erfüllbar)
   - Typ 3 (Bedingung nicht mehr erfüllbar)

6. Jf you **were driving** from Budapest to Munich which way **would you go**?
   - Typ 1 (Bedingung erfüllbar)
   - Typ 2 (Bedingung theoretisch erfüllbar)
   - Typ 3 (Bedingung nicht mehr erfüllbar)

7. We **ought to have arrived** at lunchtime if we **hadn't taken** the M25.
   - Typ 1 (Bedingung erfüllbar)
   - Typ 2 (Bedingung theoretisch erfüllbar)
   - Typ 3 (Bedingung nicht mehr erfüllbar)

Lösung zu Übung 4.1

1. Jf Tracy **had** a bike, she **would visit** all her friends.
2. J **will be** very happy if Mom **bakes** my favorite cake for my birthday.
3. Jf our team **wins** this match, it **will be** in the championship finals.
4. Jf you **do not read** these books, you **will not know** what to ask in class.
5. You **would get** very cold and wet if you **went out** in this weather.
6. The car **would not start** if Ben **repaired** it.
7. Jf he **has** time, he **will stop** to get flowers for his mother's birthday.
8. Maria **would play** piano well if she **practised** regularly.
9. Jf he **carried** the boxes, J **would help** cleaning up.

Lösung zu Übung 4.2

1. Jf you **come** with me, J **will do** the shopping with you.
2. Walter **would help** his mother in the garden if she **read** him a story this evening.
3. Jf it **rains**, J **will stay** at home.
4. Our teacher **will be** happy if we **learn** the poem by heart.
5. Jf they **had** enough money, they **would buy** a new car.
6. We **would pass** the exam if we **studied** harder.
7. Jf Pat **repaired** his bike, he **could go** on a bicycle tour with us.
8. She **would get** 100 pounds if she **sold** this old shelf.
9. Jf J **were** you, J **would invite** Jack to the party.
10. Jf the weather **is** fine, the children **can walk** to school.

Lösung zu Übung 4.3

1. Jf we **meet** at 9:30, we **will have** plenty of time.
2. Lisa **would find** the milk if she **looked** in the fridge.
3. The zookeeper **would have punished** her with a fine if **she had fed** the animals.
4. Jf you **spoke** louder, your classmates **would understand** you.
5. Dan **would arrive** safely if he **drove** slowly.
6. You **would have had** no trouble at school if **you had done** your homework.
7. Jf you **swim** in this lake, you**'ll shiver** from cold.
8. The door **will unlock** if you **press** the green button.
9. Jf Mel **had asked** her teacher, he **would have answered** her questions.
10. J **would call** the office if J **were** you.

Lösung zu Übung 4.4

1. Jf J **go** to Leipzig, J **will visit** the zoo.
2. Jf it **did not** rain, we **would be** in the garden.
3. Jf you **had worn** a brighter colored jacket, the car driver **would have seen** you earlier.
4. We **would have watched** TV tonight if Peter **had not bought** the theatre tickets.
5. She **would have had** no laptops if she **had not signed** the contract.
6. Jf J **were** a millionaire, J **would live** in Beverly Hills.
7. You **would save** energy if you **switched** the lights off more often.
8. Jf we **had read** the book, we **would have understood** the film.
9. My sister **could score** better on the test if the teacher **explained** the grammar once more.
10. They **would have arrived** on time if they **had not missed** the train.

Mögliche Abkürzungen: did not = didn't, had not = hadn't

Lösung zu Übung 4.5

1. Jf it **does not rain**, the boys **will play** hockey.
2. Jf he **had grown** his own vegetables, he **would not have to** buy them.
3. Jim **would see** whisky distilleries if **he travelled** to Scotland.
4. Would you **go out** more often if you **did not have to** do so much in the house?
5. She **would not have yawned** the whole day if she **had not stayed** up late last night.
6. Jf you **wait** a minute, J **will come** with you.
7. Jf we **arrived** at 10, we **would miss** Tyler's presentation.
8. We **would have helped** John, if we **had known** about his problems.
9. Jf they **had used** new batteries, their camera **would have worked** correctly.
10. Jf J **went** anywhere, it **would be** New Zealand.

Mögliche Kurzformen: would have = would've, would not = wouldn't, does not = doesn't, had not = hadn't

Lösung zu Übung 4.6

1. Jf you **like**, you **can stay** for two days.
2. Jf J **had seen** the film in the cinema, J **would not have watched** it on TV again.
3. Jf the parents **bought** the cat, their children **would be** very happy.
4. This piece of metal **will expand**, if you **heat** it.
5. He **would have received** my e-mail, if he **had been** online yesterday evening.
6. They **would have been able to** return the bottle if they **had not torn off** the labels.
7. Jf she wants to return her pullover, she **must find** the receipt.
8. What **would you do** if you **had** a million dollars?
9. Where **would you live** if you **were** younger?
10. Jf you **wait** for a little moment, J **will tell** the doctor you are here.

Mögliche Kurzformen: would have = would've, would not = wouldn't, does not = doesn't, had not = hadn't

Lösung zu Übung 4.7

1. Jf it **rains**, **J'll wear** a raincoat.
Typ 1 (Bedingung erfüllbar)

2. Jf we **had taken** enough water, we **wouldn't have been** thirsty.
Typ 3 (Bedingung nicht mehr erfüllbar)

3. Jf the children **were** older, they **would go** to the party.
Typ 2 (Bedingung theoretisch erfüllbar)

4. Harry **could fly** to Helsinki if he **had** more money.
Typ 2 (Bedingung theoretisch erfüllbar)

5. Jf Mark **does** the washing up, his mother **will have** more time for him.
Typ 1 (Bedingung erfüllbar)

6. What **would you do** if you **saw** a burglar?
Typ 2 (Bedingung theoretisch erfüllbar)

7. We **might have had** a glass of hot chocolate if **you had bought** some milk.
Typ 3 (Bedingung nicht mehr erfüllbar)

Lösung zu Übung 4.8

1. Jf J **were** you, J **should keep** the secret.
Typ 2 (Bedingung theoretisch erfüllbar)

2. Ron **would understand** more if the teacher **spoke** clearly.
Typ 2 (Bedingung theoretisch erfüllbar)

3. Jf Doris **had got up** earlier, she **wouldn't have been** late for school.
Typ 3 (Bedingung nicht mehr erfüllbar)

4. Jf the weather **had been** better, the plane **might not have crashed**.
Typ 3 (Bedingung nicht mehr erfüllbar)

5. We **can visit** the museum if we **have** time.
Typ 1 (Bedingung erfüllbar)

6. Jf Andy **had played** in the team, they **might have won** the match.
Typ 3 (Bedingung nicht mehr erfüllbar)

Lösung zu Übung 4.9

1. Jf it **wasn't** so late, J **would go** shopping.
Typ 2 (Bedingung theoretisch erfüllbar)

2. Henry **would have phoned** his mother if he **hadn't written** the text message.
Typ 3 (Bedingung nicht mehr erfüllbar)

3. J **would buy** a Ferrari if J **had** a lot of money.
Typ 2 (Bedingung theoretisch erfüllbar)

4. Jf we **had known** of your arrival, we **would have been** at the airport.
Typ 3 (Bedingung nicht mehr erfüllbar)

5. J **could have helped** you if you **had told** me the truth.
Typ 3 (Bedingung nicht mehr erfüllbar)

6. Jf you **were driving** from Budapest to Munich which way **would you go**?
Typ 2 (Bedingung theoretisch erfüllbar)

7. We **ought to have arrived** at lunchtime if we **hadn't taken** the M25.
Typ 3 (Bedingung nicht mehr erfüllbar)

5 Das Passiv *(Passive)*

5.a) Erläuterung

Alle Verbformen, die du bisher gelernt hast, waren die Aktivformen. [1]

Das **Aktiv** oder **der Aktivsatz** bedeutet, dass die **handelnde Person** im Satz wichtig ist.

Eine zweite Möglichkeit bietet das **Passiv**.

Jn einem **Passiv-Satz** steht das Objekt bzw. die Handlung im Vordergrund.

Du kannst mit Farben und Pfeilen die Beispiele hervorheben.

Beispiel 1			
	Subjekt	**Verb**	**Objekt**
Aktivsatz	*Tom*	*washes*	*the car.*
	Tom	wäscht	das Auto.
Passivsatz	*The car*	*is washed*	*by Tom.*
	Das Auto	wird gewaschen	von Tom.

Tab. 5

1 Orändsch Workbook Band 1,2, & 3

Lies zuerst das Beispiel für das **Aktiv**.

Beispiel 2					
Aktiv			**Passiv**		
Alex	fährt	den roten Bus.	Der rote Bus	wird gefahren	von Alex.
Subjekt	Verb	Objekt	Objekt wird zum Subjekt	Verb in der Passivform	Handelnder weniger wichtig
Alex	*drives*	*the red bus.*	*The red bus*	*is driven*	*by Alex.*
Die Frage lautet: **Wer** fährt den roten Bus?			Die Frage lautet: **Was** wird gefahren?		
Antwort: **Alex**.			Antwort: **Der rote Bus**. (Genau dieser Bus und kein anderer)		

Tab. 6

Lies zuerst das Beispiel für das **Aktiv**.

Beispiel 3					
Aktiv			**Passiv**		
Mrs Smith	rief	die Polizei.	Die Polizei	wurde gerufen.	
Subjekt	Verb	Objekt	Objekt wird zum Subjekt	Verb in der Passivform	Handelnder weniger wichtig
Mrs Smith	*called*	*the police.*	*The police*	*was called.*	
Die Frage lautet: **Wer** rief die Polizei ?			Die Frage lautet: **Was** wurde gerufen ?		
Die Antwort: **Mrs Smith.**			Die Antwort: **Die Polizei.**		

Tab. 7

5.b) Die Passivformen

Um die Passivform bilden zu können, musst du verinnerlicht haben:

- die ***Formen von be (am/are/is/were/was/been)***
- als auch die die **-ed-Form der regelmäßigen Verben**[2] und
- die **3. Form der unregelmäßigen Verben.**[3]

>> Lernspiel-Tipp für die Unregelmäßigen Verben:

Das Kartenspiel **TRIPLE English** von www.leno-verlag.com

<table>
<tr><th colspan="5">Die Form von be (am, are, is, was, were, been)
bestimmt die Zeitform beim Passiv</th><th>Partizip mit -ed / 3. Form</th></tr>
<tr><td>J</td><td>am</td><td>was</td><td rowspan="4">will be
wird ... werden</td><td rowspan="2">have been</td><td rowspan="4">+ -ed
called gerufen
asked gefragt
opened geöffnet
oder
+ 3. Form
seen gesehen
written geschrieben
shown gezeigt</td></tr>
<tr><td>you</td><td>are</td><td>were</td></tr>
<tr><td>he
she
it</td><td>is</td><td>was</td><td>has been</td></tr>
<tr><td>we
you
they</td><td>are
wird</td><td>were
wurde</td><td>have been
ist ... worden</td></tr>
<tr><td></td><td>Simple Present, Einfache Gegenwart</td><td>Simple Past, Einfache Vergangenheit</td><td>Will-Future</td><td>Present Perfect</td><td></td></tr>
</table>

Tab. 8

---

2 Bei Problemen mit der Bidlung der -ed-Form/3. Form wird empfohlen, das Orändsch Workbook Band 3 vor dem Passiv durchzuarbeiten.

3 Eine Liste der unregelmäßigen Verben und ihren Stammformen nach Lautgruppen als doc_Datei gibt es hier: https://eduki.com/de/171660

Übung 5.1 Trainiere die Passivform mündlich. Sprich dabei laut.

	Beuge die Sätze
1. **J am called by Dad.**	*J am called by Dad.* *You are called ... .* *He is ... .* *She ... .* *...*
2. **J am stopped.**	*...*
3. **J have been helped by friends.**	*...*
4. **J have been called.**	*...*
5. **J was pickpocketed.**	*...*
6. **J was trained by Mr Potter.**	*...*
7. **J will be phoned by Tim.**	*...*
8. **J will be paid.**	*...*

call rufen, anrufen

pickpocket stehlen

pay bezahlen

Übung 5.2 Passiv in der **Einfachen Gegenwart** *(Simple Present)*.

Übersetze die Aktiv- und Passivformen.

es öffnet	*it opens*
es wird geöffnet	*it is opened*
1. ich stoße	*push*
2. ich werde gestoßen	
3. du stößt	
4. du wirst gestoßen	
5. sie trinkt	*drink*
6. die Milch wird getrunken	
7. er fährt	*drive*
8. er wird gefahren	
9. ich rolle	*roll*
10. es wird gerollt	
11. wir backen	*bake*
12. es wird gebacken	
13. du rufst an	*call*
14. du wirst angerufen	
15. er öffnet	*open*
16. es wird geöffnet	

Übung 5.3 Passiv in der **Einfachen Gegenwart** *(Simple Present)*.

Übersetze die Aktiv- und Passivformen.

wir rufen	*we call*
wir werden gerufen	*we are called*
1. ich werde gestoßen	*push*
2. es wird angefangen	*start*
3. ich fange an	
4. es wird zerbrochen	*break*
5. das Haus wird gebaut	*build*
6. es wird gekauft	*buy*
7. wir werden gebracht	*bring*
8. er wird gefangen	*catch*
9. sie wird ausgesucht	*choose*
10. sie sucht aus	
11. der Präsident wird gewählt	*president, elect*
12. der Apfel wird geschnitten	*cut*
13. es wird gezeichnet	*draw*
14. er zeichnet	

Übung 5.4 Übersetze **nur** die Passivformen in der **Einfachen Vergangenheit** *(Simple Past)*.

es wurde getrunken	*it was drunk*	*drink*
er füllte	—	*fill*
1. wir wurden gefahren		*drive*
2. der Apfel wurde gegessen		*eat*
3. der Hund wurde gefüttert		*feed*
4. der Schlüssel wurde gefunden		*key, find*
5. wir zündeten an		*light*
6. das Flugzeug geflogen		*plane, fly*
7. der Schlüssel wurde vergessen		*forget*
8. er öffnete		
9. das Fenster wurde geöffnet		*window*
10. die Tür wurde nicht geöffnet		*door*
11. das Geld wurde gegeben		*money, give*
12. das Haus wurde gebaut		*house, build*
13. das Bild wurde aufgehängt		*picture, hang*
14. sie hängte auf		
15. er hängte nicht auf		
16. der Schrei wurde gehört		*scream, hear*

Übung 5.5 Das Passiv im **Perfekt** *(Present Perfect)*.

Übersetze die Aktiv- und Passivformen.

es hat geöffnet	*it has opened*
es ist geöffnet worden	*it has been opened* *open*
1. es ist nicht gesagt worden	*say*
2. Jch habe gesagt	
3. er hat erzählt	*tell*
4. ihm ist nicht erzählt worden	*he*
5. es ist verkauft worden	*sell*
6. es ist gezeigt worden	*show*
7. sie hat nicht gezeigt	
8. er ist unterrichtet worden	*teach*
9. er hat unterrichtet	
10. er hat nicht unterrichtet	
11. es ist erreicht worden	*reach*
12. ich habe gesagt	
13. es ist gerufen worden	*call*
14. er hat nicht gerufen	
15. sie ist gesehen worden	*see*
16. wir sind gesehen worden	

Übung 5.6 Das Passiv im ***Will-Future.***

Übersetze die Aktiv- und Passivformen.

wir werden rufen	*we'll call*
wir werden gerufen werden	*we'll be called*
1. es wird geöffnet werden	*open*
2. er wird öffnen	
3. es wird gemacht werden	*do*
4. sie wird machen	
5. ich werde zahlen	*pay*
6. es wird bezahlt werden	
7. es wird gelesen werden	*read*
8. er wird stellen	*put*
9. es wird gestellt werden	
10. ihr werdet nicht stellen	
11. wir werden gehen	
12. es wird nicht gelesen werden	
13. du wirst lesen	

Übung 5.7 Forme die Aktivsätze in Passivsätze um.

Finde das Subjekt (S) und das Objekt (O)! Beachte die Zeit!

Tausche das Objekt zum Subjekt, damit ein Satz im Passiv entsteht.

We (S) invite our friends (O) to a drink.	*invite einladen*
Our friends are invited to a drink.	
1. He will follow my instruction.	*follow folgen, instruction Anleitung*
2. She will hire a taxi.	*hire mieten*
3. He will manage all problems.	*manage problems* *Probleme in den Griff bekommen*
4. Joan has washed her shirts.	
5. We called for the police.	*call for somebody* *jemanden anrufen*
6. J showed him my birthday present.	*present Geschenk*

Lösung zu Übung 5.2

1. J push
2. J am pushed
3. you push
4. you are pushed
5. she drinks
6. the milk is drunk
7. he drives
8. he is driven
9. J roll
10. it is rolled
11. we bake
12. it is baked
13. you call
14. you are called
15. he opens
16. it is opened

Lösung zu Übung 5.3

1. J am pushed
2. it is started
3. J start
4. it is broken
5. the house is built
6. it is bought
7. we are brought
8. he is caught
9. she is chosen
10. she chooses
11. the president is elected
12. the apple is cut
13. it is drawn
14. he draws

Lösung zu Übung 5.4

1. we were driven
2. the apple was eaten
3. the dog was fed
4. the key was found
5. we lighted
6. the plane flew
7. the key was forgotten
8. he opened
9. the window was opened
10. the door wasn't opened
11. the money was given
12. the house was built
13. the picture was hung
14. she hang
15. he didn't hang
16. the scream was heard

Lösung zu Übung 5.5

1. it hasn't been said
2. J've said
3. he's told
4. he hasn't been told
5. it's been sold
6. it's been showed/shown
7. she hasn't showed/shown
8. he's been taught
9. he's taught
10. he hasn't taught
11. it's been reached
12. J've said
13. it's been called
14. he hasn't called
15. she's been seen
16. we've been seen

Lösung zu Übung 5.6

1. it will be opened
2. he will open
3. it will be done
4. she will do
5. J will pay
6. it will be paid
7. it will be read
8. he will put
9. it will be put
10. you will not put
11. we will go
12. it will not be read
13. you will read

Mögliche Kurzformen: will = 'll, will not = won't

Lösung zu Übung 5.7

1. My instruction will be followed.
2. A taxi will be hired.
3. All problems will be managed.
4. Her shirts have been washed.
5. The police was called.
6. My birthday present was shown/showed.